EMG3-0160
合唱楽譜<スタンダード>
STANDARD
CHORUS PIECE

合唱で歌いたい！ スタンダードコーラスピース

混声3部合唱

見上げてごらん夜の星を

作詞：永 六輔　作曲：いずみたく　合唱編曲：古賀 藍

●●● 曲目解説 ●●●

　戦後の日本を支えたビッグアーティスト、坂本九の代表曲の一つです。星のような灯りを心にそっとともしてくれるような歌詞とメロディーは、長年多くの人々に愛され続けてきました。たくさんのアーティストにカヴァーされている名曲中の名曲です。今回はそんな名曲を、優しく包み込むような温かいハーモニーを届ける、混声3部合唱楽譜にアレンジ。知名度が高い楽曲なので、幅広い世代に楽しんでいただけます♪

【この楽譜は、旧商品『見上げてごらん夜の星を〔混声3部合唱〕』（品番：EME-C3042）とアレンジ内容に変更はありません。】

ELEVATO
MUSIC ENTERTAINMENT

見上げてごらん夜の星を

作詞:永 六輔　作曲:いずみたく　合唱編曲:古賀 藍

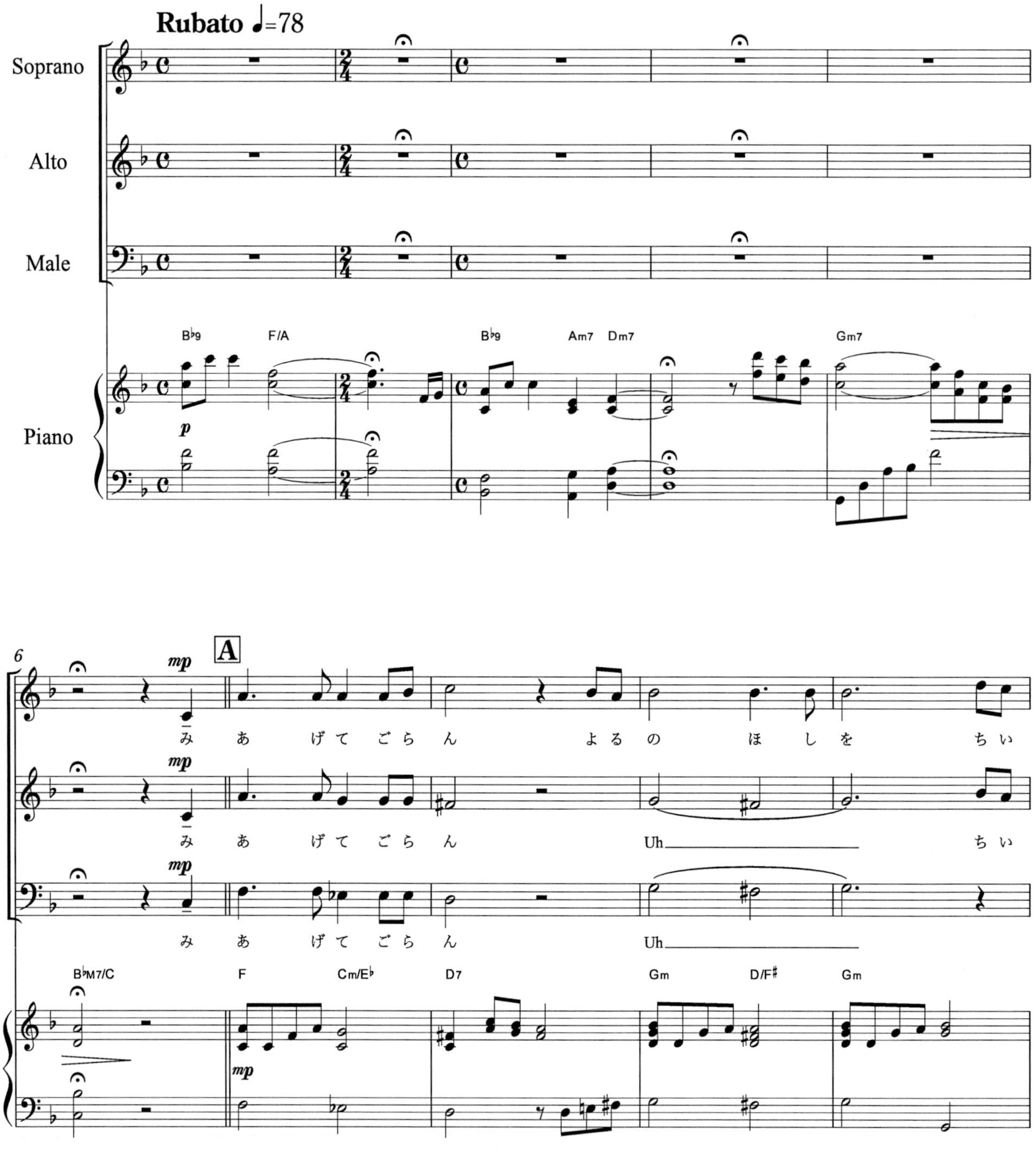

11
さ なほ し の ささやか な しあ
さ なほ し の ちい さ なひか り が Lu lu lu lu
Uh Lu lu lu lu
C7 F C7 F D7
16
Solo mf
B ♩=98
わ せを う たーっ て る み あ げて ごら
lu う たーっ て る
lu う たーっ て る
Gsus4 B♭/D F/C C F F Cm/E♭
mf
21
ん よるの ほ し を ボクら のよう に なも
D Gm B♭aug Gm/D C Caug/E F

26
tutti
mf
な いほ し が ささやか なしあ わ せを い のーっ て
Lu lu lu lu lu ささやか なしあ わ せを Lu Lu
Lu lu lu lu lu ささやか なしあ わ せを Lu Lu
C F D D7 D7/G Gm F/C C7
31
C
mp
る Uh Uh
Lu lu lu Uh Uh
Lu lu lu てをつなごう ボ ク と おいかけよう ゆ め を
F Am Em Am Em
p
36
D
f
ふたりなら くるしくなーんか な い さ
ふたりなら くるしくなーんか な い さ み あ げ て ご ら
ふたりなら くるしくなーんか な い さ
Am G Dm7 G C7 F Adim Cm/E♭

41
f
よ る の ほ し を Lu lu lu lu lu Lu
ん よ る の ほ し を ち い さ な ほ し の
f
よ る の ほ し を Lu lu lu lu lu lu ち い
D7 D(♭9) Gm D/F♯ Gm C7 Caug F
8va
46
1.
さ さ や か な し あ わ せ を う たーっ て
さ さ や か な し あ わ せ を う たーっ て
さ な ひ か り が さ さ や か な し あ わ せ を う たーっ て
C7 Caug F D D7/F♯ D7/G Gm F/C C7
51
E
る
る
る
間奏無しの場合は括弧内の音を
演奏せずここでリピート
F F Gm7 C7 F
mf

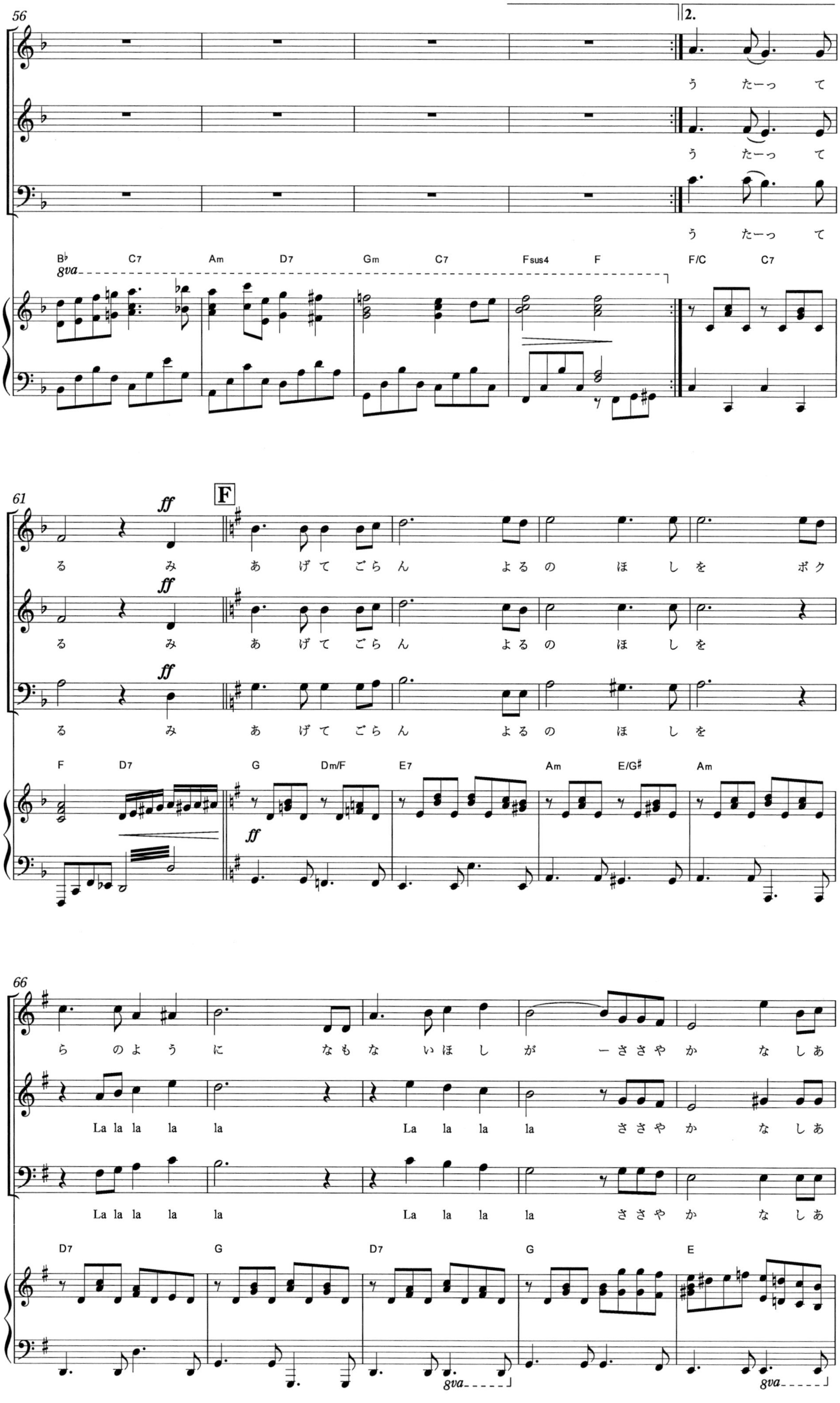
56
2.
う たーっ て
う たーっ て
う たーっ て
B♭ C7 Am D7 Gm C7 Fsus4 F F/C C7
8va
61
F
ff
る み あ げ て ご ら ん よ る の ほ し を ボ ク
る み あ げ て ご ら ん よ る の ほ し を
る み あ げ て ご ら ん よ る の ほ し を
F D7 G Dm/F E7 Am E/G♯ Am
66
ら の よ う に な も な い ほ し が ー さ さ や か な し あ
La la la la la La la la la さ さ や か な し あ
La la la la la La la la la さ さ や か な し あ
D7 G D7 G E
8va
8va

71
f
わ せ を い の一っ て る さ さ や か な し あ わ せ を
わ せ を い の一っ て る さ さ や か な し あ わ せ を
わ せ を い の一っ て る さ さ や か な し あ わ せ を
Am G/D D G Gsus4 G E E/G♯ Am
76
rit.
G Tempo I
一 い の 一っ て る
一 い の 一っ て る
一 い の 一っ て る
G/D D7 C9 G/B
f
81
rit.
C9 Bm7 Em7 Am7 CM7/D D7 GM9
mp

MEMO

見上げてごらん夜の星を

作詞:永 六輔

見上げてごらん夜の星を
小さな星の　小さな光が
ささやかな幸せをうたってる
見上げてごらん夜の星を
ボクらのように名もない星が
ささやかな幸せを祈ってる

手をつなごうボクと
おいかけよう夢を
二人なら
苦しくなんかないさ

見上げてごらん夜の星を
小さな星の　小さな光が
ささやかな幸せをうたってる
見上げてごらん夜の星を
ボクらのように名もない星が
ささやかな幸せを祈ってる

ELEVATO
MUSIC ENTERTAINMENT

MEMO

ELEVATO
MUSIC ENTERTAINMENT

MEMO

ELEVATO
MUSIC ENTERTAINMENT

ELEVATO
MUSIC ENTERTAINMENT
エレヴァートミュージックエンターテイメントはウィンズスコアが
展開する「合唱楽譜・器楽系楽譜」を中心とした専門レーベルです。

ご注文について

エレヴァートミュージックエンターテイメントの商品は全国の楽器店、ならびに書店にてお求めになれますが、店頭でのご購入が困難な場合、当社PC&モバイルサイト・電話からのご注文で、直接ご購入が可能です。

◎当社PCサイトでのご注文方法

http://elevato-music.com

上記のアドレスへアクセスし、WEBショップにてご注文ください。

◎お電話でのご注文方法

TEL.0120-713-771

営業時間内に電話いただければ、電話にてご注文を承ります。

◎モバイルサイトでのご注文方法

右のQRコードを読み取ってアクセスいただくか、
URLを直接ご入力ください。